COLOREA CON TUS DEDOS
Cachorros

edebé

¡Empecemos!

¿Estás listo para divertirte pintando cachorritos? Este libro contiene preciosas escenas para que las decores como quieras usando tus huellas dactilares y rotuladores.

Sigue las instrucciones de las páginas y aprende a crear animales preciosos en su mundo, desde los cachorros del parque a los pingüinos del Polo.

Agarra tu tampón de tinta y... ¡a crear!

Necesitarás:

- Un bolígrafo negro o de color oscur
- Un vaso de agua para limpiarte los dedos antes de cambiar de col
- Papel de cocina para secarte las ma
- Rotuladores de colores para añadir detalles

¡Añade los colores!

¡Dibuja los detalles!

Sigue los pasos indicados y aprende a crear tus propios amigos dactilares. Utiliza colores diferentes y añade detalles con un rotulador de color oscuro.

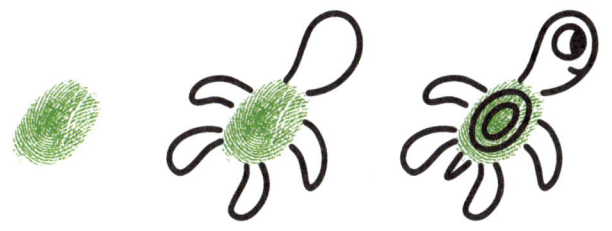

¡Mira la cubierta para inspirarte sobre los cachorros!

¡Descubre la flor! Encontrarás este dibujo en varias páginas para que lo colorees como más te guste.

En la granja

Diviértete pintando los cachorros de la granja en la hierba, y acaba el establo en el que duermen por la noche.

Usa tus huellas para completar sus pelajes y sus pezuñas.

¡Acaba también las flores!

Juegos en el parque

¡A los cachorritos les encanta perseguirse y jugar en el parque! ¡Dales una pelota y dibuja más amigos!

¡Ponle a este cachorro más manchas y completa su lazo!

Dibuja más cachorros
y añade muchas huellas.

¡No te olvides de las flores!

Amigos del bosque

Los cachorros del bosque son tímidos y suelen esconderse.
¡Solo salen a jugar cuando nadie los mira!

¿Quién podría esconderse aquí?

Completa el esponjoso
pelaje de los conejitos.

¡Dibuja más animales!

Añade manchas al cervatillo.

¡A flote!

A las nutrias les gusta nadar
de espaldas, mientras los cisnes bebé
nadan al lado de su mamá cisne.

Añade más cisnes bebé.

Decora con tus huellas estas nutrias tan simpáticas.

Completa las espadañas.

Las llanuras africanas

Los cachorros se reúnen cerca del agua.
¡Añade más animales que chapoteen y jueguen!

Acaba los animales
y las nubes. Dibuja pájaros
y el Sol en el cielo.

Añade manchas
a esta jirafa bebé.

¡Dibuja salpicaduras de agua!

¡Date un chapuzón!

¡Mira cómo saltan los delfines bebé!
Las tortuguitas corretean por la arena
para unirse a la fiesta.

Completa el Sol con tus huellas.

Colorea estos felices delfines y dibuja
tortuguitas o pequeños cangrejos
en el mar.

¡Fiesta en la jungla!

Los pequeños perezosos se pasan el día columpiándose en las ramas. Añade monos y cocos a su selvático hogar.

Completa la página con palmeras tropicales.

Añade lindos perezosos.

Amigos peludos del Ártico

Colorea este escenario congelado, donde los cachorros se reúnen en el hielo.

¡Añade más huellas!

Colorea estos amiguitos
peludos con tus huellas.

Pollitos de Pascua

Colorea los huevos de la cesta y completa
los esponjosos pollitos que ya han salido
del cascarón.

Usa tus huellas para hacer
flores preciosas.

¡Añade muchos pollitos y flores!

Diversión en casa

¡Colorea estos adorables gatitos con manchas y rayas, y hazlos realmente esponjosos!

Añade más gatitos jugando
con ovillos de lana o durmiendo.

Montañas de China

Los bebés panda siempre tienen hambre.
¡Necesitan comer mucho bambú para hacerse
pandas gigantes!

Completa el pelaje negro y las orejas de los pandas,
¡y no te olvides de sus ojos!

Añade muchas hojas de bambú.

Maravillas del invierno

Los animales bebé necesitan estar calentitos en las noches más frías. Ponles un pelaje espeso o plumas.

Acaba los esponjosos cachorros de zorro y ponles muchas plumas a los búhos.

Completa con tus huellas los árboles y la Luna.

Dibuja huellas en la nieve.

¡Completa también sus dedos!

Animales de Australia

Los canguros transportan a sus bebés en su bolsillo. ¡Mira cómo trepan los koalas y fíjate en el curioso animal lleno de espinas!

Dibuja más koalas.

Añade un montón de espinas al equidna.

Completa con tus huellas
los koalas y los canguros.

Diversión en la Antártida

A los pingüinitos les encanta saltar y deslizarse en el resbaladizo suelo de su hogar.

Acaba los cuerpos de los pingüinos con un montón de huellas.

Asombrosos tigres asiáticos

Los cachorros de tigre son como gatitos.
Les encanta perseguirse y jugar en la
jungla.

Dibuja con tus huellas
las rayas de los tigres.

Añade más huellas y dibuja
más amigos peludos
en los bloques de hielo
y en el mar.